escola - isikole	2
viagem - ukuhamba	5
transporte - izinto zokuhamba	8
cidade - idolobha	10
paisagem - ingadi	14
restaurante - isitolo sokudlela	17
supermercado - emakethe enkulu	20
bebidas - iziphuzo	22
comida - ukudla	23
fazenda - ifamu	27
casa - indlu	31
sala de estar - igumbi lokuhlala	33
cozinha - ikhishi	35
banheiro - igumbi lokugeza	38
quarto de criança - igumbi lezingane	42
vestuário - izimpahla	44
escritório - i-ofisi	49
economia - umnotho	51
profissões - imisebenzi	53
ferramentas - amathuluzi	56
instrumentos musicais - izinsimbi zomculo	57
zoológico - esiqiwini	59
esportes - imidlalo	62
atividades - imisebenzi	63
família - umndeni	67
corpo - umzimba	68
hospital - isibhedlela	72
emergência - izimo eziphuthumayo	76
Terra - Umhlaba	77
relógio - iwashi	79
semana - iviki	80
ano - unyaka	81
formas - amasheyphu	83
cores - imibala	84
opostos - izinto ezingafani	85
números - izinombolo	88
idiomas - izilimi	90
quem / o quê / como - ubani / ini / kanjani	91
onde - kuphi	92

Impressum
Verlag: BABADADA GmbH, Nedderfeld 112 , 22529 Hamburg
Geschäftsführer / Verlagsleitung: Harald Hof
Druck: Books on Demand GmbH, In de Tarpen 42, 22848 Norderstedt

Imprint
Publisher: BABADADA GmbH, Nedderfeld 112 , 22529 Hamburg, Germany
Managing Director / Publishing direction: Harald Hof
Print: Books on Demand GmbH, In de Tarpen 42, 22848 Norderstedt

escola
isikole

- sala de aulas / ikilasi
- dividir / divayda
- quadro / ibhodi
- pátio da escola / igceke lesikole
- professor / uthisha
- papel / iphepha
- escrever / bhala
- caneta / ipeni
- escrivaninha / ideski
- régua / irula
- livro / incwadi
- aluno / umuntu

sacola
isikhwama

estojo de lápis
isikwama sepeni

lápis
ipensela

apontador de lápis
umshini wokulola

borracha
irabha

bloco de desenho
indawo yokudweba

escola - isikole

desenho
ukudweba

pincel
ibrashi lokupenda

estojo de tintas
ibhokisi lokupenda

tesoura
isikelo

cola
inomfi

livro de exercícios
incwadi yesikole

lição de casa
umsebenzi wasekhaya

número
inamba

somar
hlanganisa

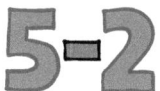

subtrair
susa

multiplicar
phindaphinda

calcular
bala

letra
incwadi

alfabeto
izinhlamvu zamagama

palavra
igama

escola - isikole

texto
umbhalo

ler
funda

giz
ushoki

hora
isifundo

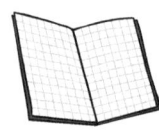
registro da classe
bhalisa

exame
isivivinyo

certificado
isitifiketi

uniforme escolar
iyunifomu yesikole

educação
imfundo

enciclopédia
i-encyclopedia

universidade
inyuvesi

microscópio
isibonakhulu

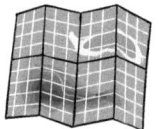
mapa
ibalazwe

cesto de lixo
ibhaskidi yokulahla amaphepha

escola - isikole

viagem
ukuhamba

hotel — ihhotela
albergue — ihositela
casa de câmbio — i-bureau de change
mala — i-suitcase
carro — imoto

idioma
ulimi

sim / não
yebo / cha

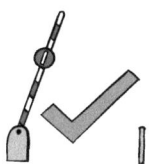

ok
kulungile

Olá
sawubona

tradutor
umhumushi

obrigado
Ngiyabonga

quanto custa...?
iyimalini i...?

eu não entendo
angiqondi

problema
inkinga

boa noite!
Intambama enhle!

Bom dia!
Sawubona!

Boa noite!
Ulale kahle!

até logo
bye bye

direção
isiqondiso

bagagem
izikhwama

bolsa
isikhwama

mochila
ubhakha

convidado
isivakashi

quarto
igumbi

saco de dormir
isikhwama sokulala

barraca
ithende

viagem - ukuhamba

informação turística
imininingwane yamathoristi

praia
ulwandle

cartão de crédito
ikhadi lesikweletu

café da manhã
ukudla kwasekuseni

almoço
ukudla kwasemini

jantar
ukudla kwasebusuku

bilhete
ithikithi

elevador
i-lift

selo
isitembu

fronteira
ibhoda

alfândega
amasiko

embaixada
inxusa

visto
ivisa

passaporte
iphasiphothi

viagem - ukuhamba

transporte
izinto zokuhamba

- navio / iskebhe
- avião / indiza
- carro de bombeiros / injini yomlilo
- ônibus / ibhasi
- caminhão / iloli
- barco a motor / isikebhe senjini
- carro / imoto
- bicicleta / isithuthuthu

balsa
isikebhe

barco
isikebhe

motocicleta
isithuthuthu

veículo policial
imoto yamaphoyisa

carro de corrida
imoto ejahayo

carro de aluguel
imoto eqashiwe

compartilhamento de automóvel
ukurenta imoto

caminhão de reboque
iloli eliphukile

caminhão de lixo
ithrakhi

motor
injini

combustível
amafutha

posto de gasolina
indawo yokuthela uphethiloli

placa de trânsito
uphawu lwethrafikhi

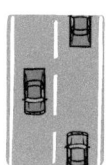

trânsito
ithrafikhi

trânsito lento
ithrafikhi enkulu

estacionamento
indawo yokupaka izimoto

estação de trem
isitashi sesitimela

trilhos
amaloli

trem
isitimela

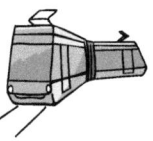

bonde
ithilamu

vagão
inqola

transporte - izinto zokuhamba

helicóptero
ihelikhoptha

aeroporto
isikhungo sezindiza

torre
umphongolo

passageiro
iphasenja

contêiner
ikhonteyna

cartolina
ikhathoni

carroça
inqola

cesto
ubhasikidi

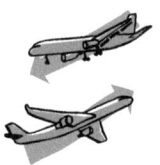
decolar / pousar
ukusuka / ukwehla

cidade
idolobha

vilarejo
isigodi

centro da cidade
i-city centre

casa
indlu

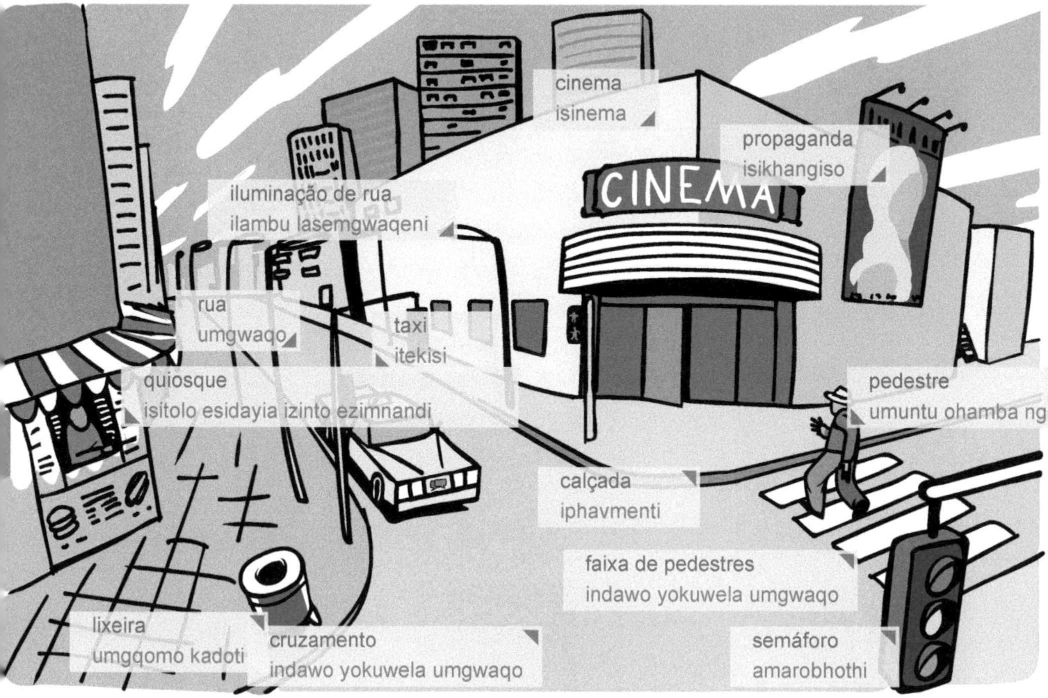

cinema
isinema

propaganda
isikhangiso

iluminação de rua
ilambu lasemgwaqeni

rua
umgwaqo

taxi
itekisi

quiosque
isitolo esidayia izinto ezimnandi

pedestre
umuntu ohamba ng[...]

calçada
iphavmenti

faixa de pedestres
indawo yokuwela umgwaqo

lixeira
umgqomo kadoti

cruzamento
indawo yokuwela umgwaqo

semáforo
amarobhothi

cabana
indlu yodaka

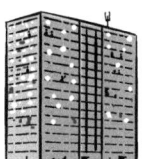

apartamento
i-flat

estação de trem
isitashi sesitimela

prefeitura
i-town hall

museu
imuzilemu

escola
isikole

cidade - idolobha

universidade

inyuvesi

banco

ibhange

hospital

isibhedlela

hotel

ihhotela

farmácia

ikhemisi

escritório

i-ofisi

livraria

isitolo sezincwadi

loja

esitolo

floricultura

istolo sezimbali

supermercado

emakethe enkulu

mercado

imakethe

loja de departamentos

isitolo somnyango

peixaria

i-fishmonger's

centro comercial

isikhungo sezitolo

porto

isikhungo semikhumbi

parque
ipaki

banco
ibhentshi

ponte
ibhuloho

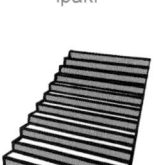

escadas
izitezi

metrô
ngaphansi komhlaba

túnel
umhubhe

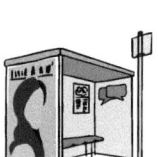

ponto de ônibus
istobhu sebhasi

bar
i-bar

restaurante
isitolo sokudlela

caixa de correspondência
eposini

placa de rua
uphawu lwasemgwaqeni

parquímetro
umshini wokukhokhela ukupaka

zoológico
esiqiwini

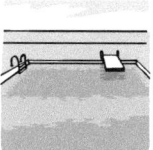

piscina
indawo yokubhukuda

mesquita
i-mosque

fazenda
ifamu

poluição
ukungcola

cemitério
amagcwaba

igreja
isonto

parquinho
igrawundi lokudlala

templo
ithempeli

paisagem
ingadi

- folha — icembe
- placa de sinalização — mpambano mgwaqo
- caminho — indlela
- gramado — idlelo
- pedra — itshe
- árvore — isihlahla
- caminhantes — umqwali wezintaba
- rio — umfula
- grama — utshani
- flor — imbali

vale
isigodi

montanha
intaba

lago
ichibi

floresta
ihlathi

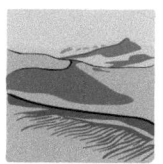
deserto
ogwadule

vulcão
intaba mlilo

castelo
isigodlo

arco-íris
uthingo

cogumelo
ikhowe

palmeira
isihlahla sesundu

mosquito
umiyane

mosca
ukundiza

formiga
intuthwane

abelha
inyosi

aranha
isicabucabu

paisagem - ingadi

besouro ibhungane	sapo ixoxo	esquilo i-squirrel

ouriço i-hedgehog	lebre unogwaja	coruja isikhova

pássaro izinyoni	cisne idada	javali intibane

veado inyamazane	alce i-moose	barragem idamu
	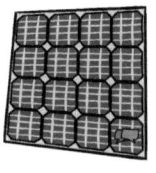	
aerogerador i-wind turbine	painel solar i-solar panel	clima isimo sezulu

paisagem - ingadi

restaurante
isitolo sokudlela

- garçom / uweyita
- menu / imenu
- cadeira / isihlalo
- sopa / isobho
- pizza / i-pizza
- toalha de mesa / indwangu yasetafuleni
- talheres / ikhathilari

entrada
ukudla okulula

prato principal
isidlo

sobremesa
idizethi

bebidas
iziphuzo

comida
ukudla

garrafa
ibhodlela

fastfood
ukudla okulula

comida de rua
ukudla okudayiswa emgwaqeni

bule de chá
ithiphothi

açucareiro
isitsha sikashukela

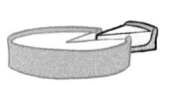

porção
ingxenye

máquina de expresso
umshini we-ekspreso

cadeirão
isitulo esiphezulu

conta
izindleko

bandeja
ithreyi

faca
ummese

garfo
imfologo

colher
ispuni

colher de chá
ithispuni

guardanapo
indawo yokusula umlomo

copo
igilasi

restaurante - isitolo sokudlela

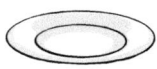
prato
ipuleti

prato de sopa
ipuleti lesobho

pires
isoso

molho
isosi

saleiro
isitsha sasawoti

moedor de pimenta
isitsha sephepha

vinagre
uviniga

óleo
amafutha

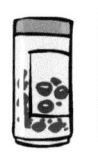
especiarias
izinongo

ketchup
isosi yetamatisi

mostarda
isosi yesinaphi

maionese
imayonesi

restaurante - isitolo sokudlela

supermercado

emakethe enkulu

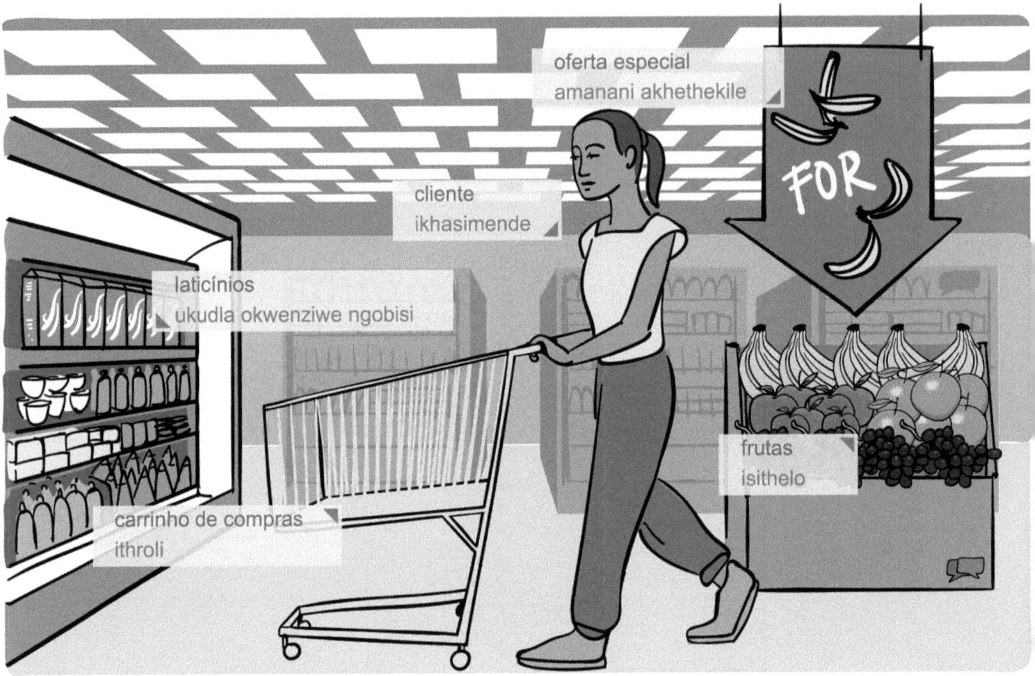

oferta especial
amanani akhethekile
FOR
cliente
ikhasimende
laticínios
ukudla okwenziwe ngobisi
frutas
isithelo
carrinho de compras
ithroli

BUTCHERS

açougue

ebhusha

BAKERY

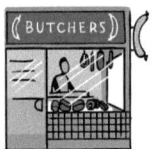

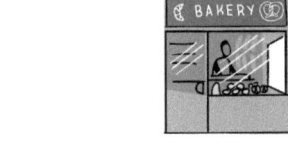

padaria

isitolo esidayisa isinkwa

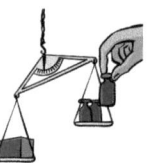

pesar

kala

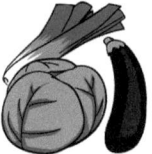

legumes

amaveji

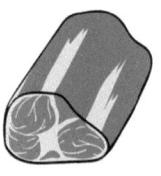

carne

inyama

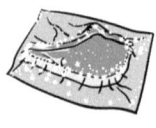

congelados

ukudla okubandayo

charcutaria
inyama ebandayo

conservas
ukudla okusethinini

detergente em pó
insipho yokuwasha enguphawuda

doces
oswidi

artigos domésticos
izinto zasendlini

produtos de limpeza
izinto zokuhlanza

vendedora
umuntu odayisayo

caixa
ithili

caixa
umbali wemali

lista de compras
izinto okumelwe zithengwe

horário de funcionamento
amahora okuvula

carteira
uwolethi

cartão de crédito
ikhadi lesikweletu

sacola
isikhwama

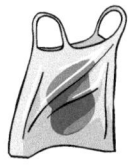
saco plástico
isikwama sepulastiki

supermercado - emakethe enkulu

bebidas
iziphuzo

água
amanzi

suco
ijusi

leite
ubisi

coca-cola
i-coke

vinho
iwayini

cerveja
ubhiya

álcool
utshwala

cacau
i-cocoa

chá
itiye

café
ikhofi

expresso
i-ekspreso

cappuccino
ikhaphachino

comida
ukudla

banana
ubhanana

maçã
i-apula

laranja
i-olintshi

melão
ikhabe

limão
ulamula

cenoura
ukherothi

alho
ugaligi

bambu
umhlanga

cebola
u-anyanisi

cogumelo
ikhowe

nozes
amakinati

macarrão
ama-noodle

espaguete
isipagethi

arroz
iraysi

salada
isaladi

batatas fritas
ama-chips

batatas frias
amazambane athosiwe

pizza
i-pizza

hambúrger
ibhega

sanduíche
isendiwichi

escalope
inyama engenathambo

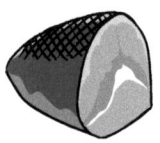

presunto
ham

salame
salami

salsicha
isoseji

galinha
inkukhu

assado
yosiwe

peixe
inhlanzi

flocos de aveia
iphalishi le-oats

granola
i-muesli

flocos de milho
ama-cornflakes

farinha
uflulawa

croissant
i-croissant

pãozinho
isinkwa esiyiroli

pão
isinkwa

torrada
i-toast

biscoitos
amabhiskidi

manteiga
ibhotela

requeijão
i-curd

bolo
ikhekhe

ovo
iqanda

ovo frito
iqanda elithosiwe

queijo
ushizi

comida - ukudla

sorvete	açúcar	mel
i-ice cream	ushukela	uju

geleia	creme de avelãs	curry
ujamu	ispredi sikashokholedi	isitshulu

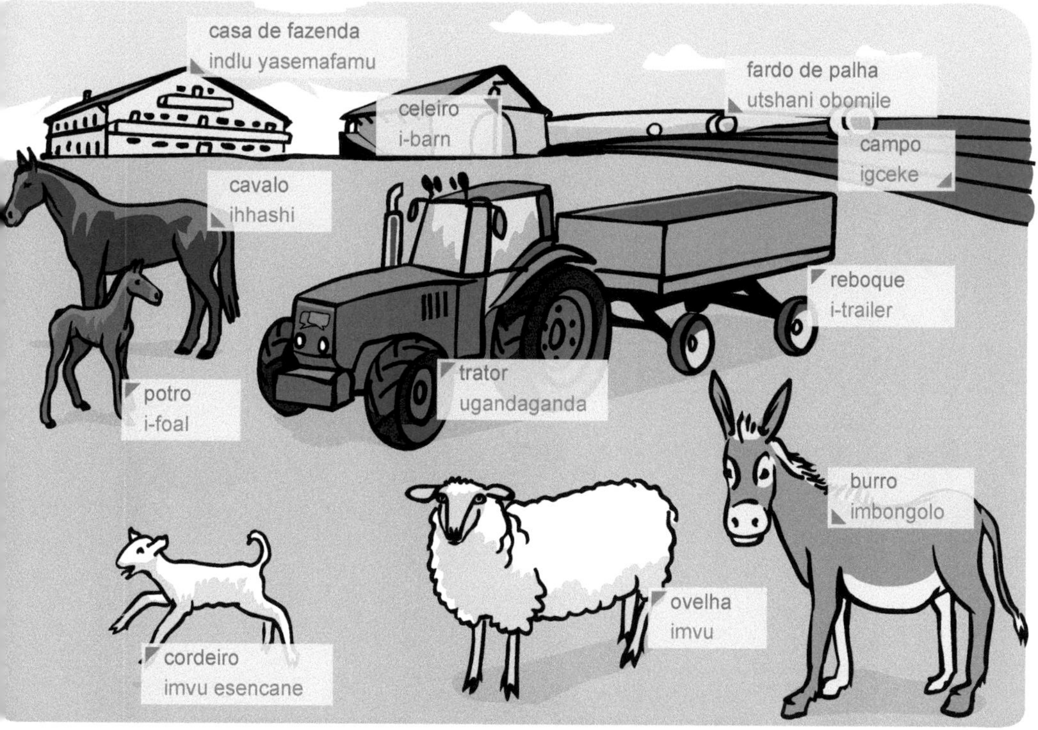

fazenda
ifamu

casa de fazenda
indlu yasemafamu

celeiro
i-barn

fardo de palha
utshani obomile

campo
igceke

cavalo
ihhashi

reboque
i-trailer

potro
i-foal

trator
ugandaganda

burro
imbongolo

cordeiro
imvu esencane

ovelha
imvu

cabra
imbuzi

vaca
inkomo

bezerro
ithole

porco
ingulube

leitão
ingulube esencane

touro
inkunzi

fazenda - ifamu

ganso
ihansi

pato
idada

pintinho
ichwane

galinha
isikhukhukazi

galo
iqhude

ratazana
igundwane

gato
ikati

camundongo
igundwane

boi
inkabi

cachorro
inja

casinha do cachorro
indlu yenja

mangueira de jardim
ipayipi lokunisela

regador
ikani lokunisela

foice
ucelemba

arado
igeja

fazenda - ifamu

foice
isikela

enxada
ukhuba

forquilha
imfoloko

machado
imbazo

carrinho de mão
ibhala

manjedoura
umkhombe

jarra de leite
ubusi olusekanini

saco
isaka

cerca
ifensi

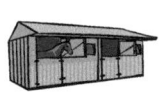

estábulo
esitebhilini

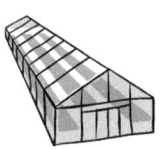

estufa
i-greenhouse

solo
inhlabathi

semente
imbewu

fertilizante
umanyolo

colheitadeira
ukuvuna okuhlanganisiwe

fazenda - ifamu

colher
vuna

colheita
isivuno

inhame
ama-yam

trigo
ukolweni

soja
umbhontshisi

batata
amazambane

milho
ummbila

colza
i-rapeseed

árvore frutífera
isihlahla sezithelo

mandioca
umdumbula

cereais
amasiriyeli

fazenda - ifamu

casa
indlu

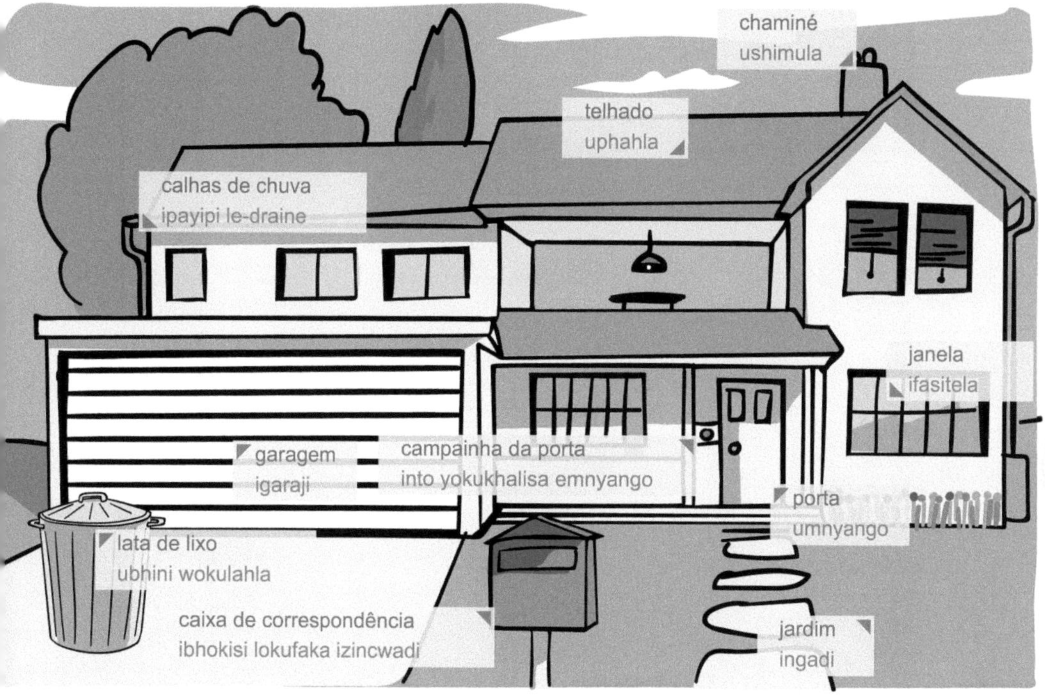

- chaminé / ushimula
- telhado / uphahla
- calhas de chuva / ipayipi le-draine
- janela / ifasitela
- garagem / igaraji
- campainha da porta / into yokukhalisa emnyango
- porta / umnyango
- lata de lixo / ubhini wokulahla
- caixa de correspondência / ibhokisi lokufaka izincwadi
- jardim / ingadi

sala de estar
igumbi lokuhlala

banheiro
igumbi lokugeza

cozinha
ikhishi

quarto de dormir
igumbi lokulala

quarto de criança
igumbi lezingane

sala de jantar
igumbi lokudlela

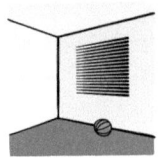

chão
phansi

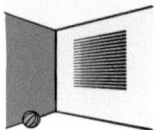

parede
udonga

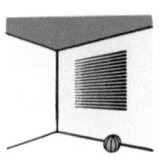

teto
usilingi

porão
i-cella

sauna
i-sauna

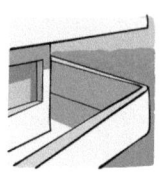

varanda
ibhalconi

terraço
i-terrace

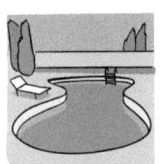

piscina
iphuli

cortador de grama
umshin wokugunda utshani

lençol
ishidi

coberta
ingubo yokulala

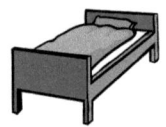

cama
umbhede

vassoura
umshanelo

balde
ibhakede

interruptor
i-switch

casa - indlu

sala de estar
igumbi lokuhlala

- papel de parede / i-wallpaper
- quadro / isithombe
- lâmpada / ilambu
- prateleira / ishalofu
- armário / ibhodi lenkomishi
- lareira / indawo yomlilo
- televisão / umabonakude
- flor / imbali
- travesseiro / ikhushini
- vaso / ivasi
- sofá / usofa
- controle remoto / i-remote control

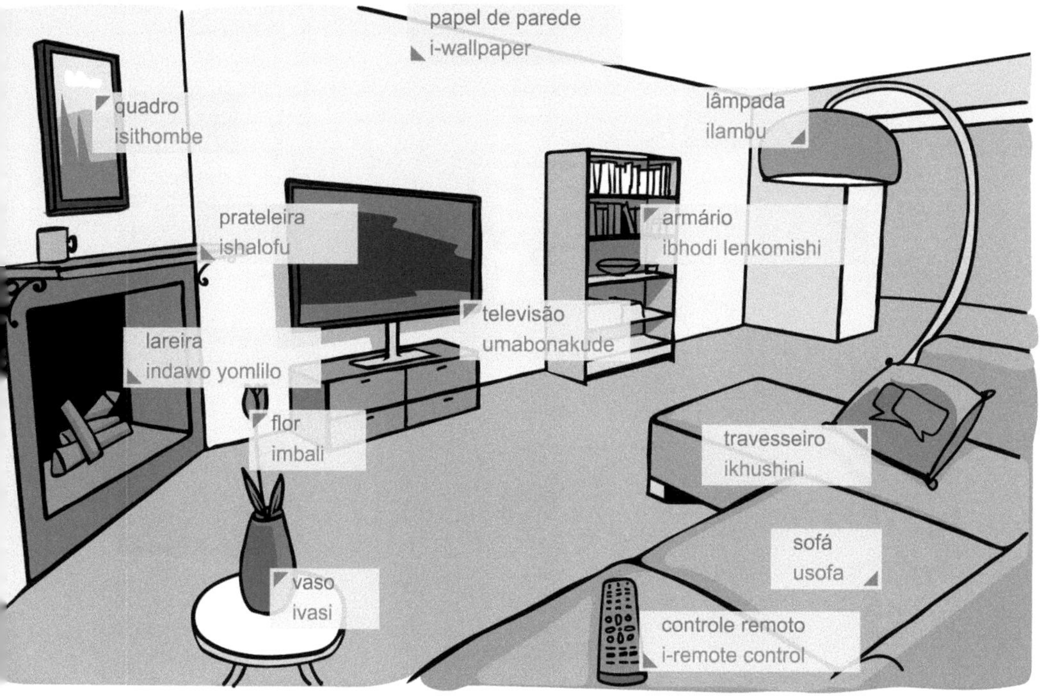

tapete
ukhaphethe

cortina
ikhethini

mesa
itafula

cadeira
isihlalo

cadeira de balanço
isihlalo esinyakazayo

poltrona
isihlalo esingangengalo

sala de estar - igumbi lokuhlala

livro
incwadi

cobertor
ingubo

decoração
ukuhlobisa

lenha
izinkuni zokubasa

filme
ifilimu

equipamento de som
izinto ze-hi-fi

chave
ukhiye

jornal
iphephandaba

pintura
ukupenda

pôster
iphosta

rádio
umsakazo

bloco de notas
i-notepad

aspirador
ihuva

cacto
i-cactus

vela
ikhandlela

sala de estar - igumbi lokuhlala

cozinha
ikhishi

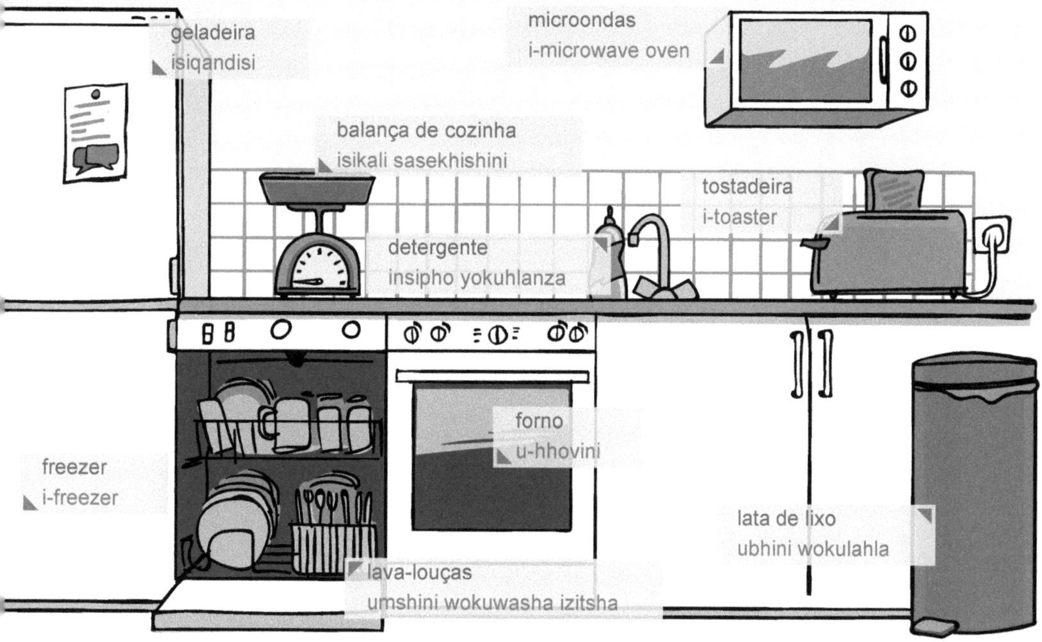

geladeira
isiqandisi

microondas
i-microwave oven

balança de cozinha
isikali sasekhishini

tostadeira
i-toaster

detergente
insipho yokuhlanza

forno
u-hhovini

freezer
i-freezer

lata de lixo
ubhini wokulahla

lava-louças
umshini wokuwasha izitsha

fogão
umshini wokupheka

panela
ibhodwe

panela de ferro
ibhodwe le-cast iron

wok / kadai
i-wok / kadai

frigideira
ipani

chaleira
iketela

cozinha - ikhishi

panela a vapor
i-steamer

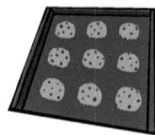
tabuleiro de forno
ithreyi lokubhaka

louça
izitsha zokudla

caneca
imaki

caçarola
isitsha

hashi
izinti zendwangu

concha de sopa
isixembe sokuphaka

espátula
ispathula

batedor
i-whisk

escorredor
i-strainer

peneira
isisefo

ralador
igretha

almofariz
isitsha sodaka

churrasqueira
i-barbecue

lareira
umlilo

cozinha - ikhishi

tábua de cortar
ibhodi lokuqoba

rolo da massa
ipini lokurola

saca-rolhas
iskrew

lata
ikani

abridor de latas
into yokuvula ikani

pegador de panela
indwangu yokubamba ibhodwe

pia
usinki

escova
i-brush

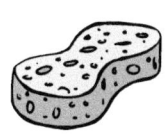

esponja
isiponji

liquidificador
ibhlenda

congelador
i-deep freezer

mamadeira
ibhodlela lengane

torneira
umpompi

cozinha - ikhishi

banheiro
igumbi lokugeza

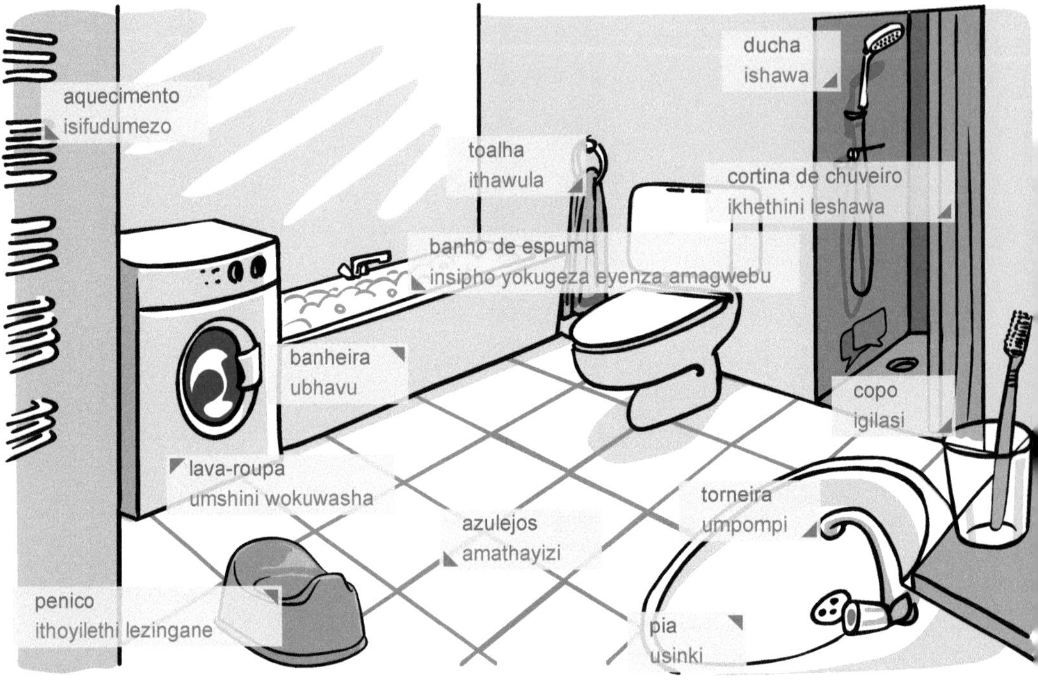

- aquecimento / isifudumezo
- ducha / ishawa
- toalha / ithawula
- cortina de chuveiro / ikhethini leshawa
- banho de espuma / insipho yokugeza eyenza amagwebu
- banheira / ubhavu
- copo / igilasi
- lava-roupa / umshini wokuwasha
- azulejos / amathayizi
- torneira / umpompi
- penico / ithoyilethi lezingane
- pia / usinki

vaso sanitário
ithoyilethi

lavabo de agachar
ithoyilethi oqoshama kuyo

bidê
ithoyilethi le-bidet

mictório
ithoyilethi lokuchama labesilisa

papel higiênico
iphepha lasethoyilethi

escova de privada
ibhrashi lasethoyilethi

escova de dentes
ibhrashi lamazinyo

pasta de dentes
insipho yamazinyo

fio dental
into yokuvungula

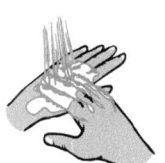
lavar
washa

ducha de mão
ishawa ebanjwa ngesandla

ducha íntima
uchatho

bacia
u-basini

escova para as costas
ibrashi lomhlane

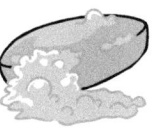
sabonete
insipho

gel de banho
ijeli yeshawa

xampu
ishampu

toalha de rosto
ishethi lesikoshi

escoamento
i-drain

creme
ukhilimu

desodorante
into yokugcoba amakhwapha

banheiro - igumbi lokugeza

espelho

isibuko

espelho de mão

isibuko esiphathwa ngesandla

barbeador

ireyza

espuma de barbear

igwebu lokushefa

loção pós-barba

umuthi ogcotshwa ngemva kokushefa

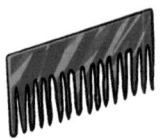

pente

ikama

escova

ibhrashi

secador de cabelo

into yokomisa izinwele

spray de cabelo

ispreyi sezinwele

maquiagem

i-makeup

batom

into yokugcoba umlomo

esmalte de unhas

into yokususa upende wezinzipho

algodão

uwuli kakotini

tesoura para unhas

isikelo sezinzipho

perfume

isigqolo

nécessaire

isikhwama sezinto zokugeza

banquinho

isitulo

balança

isikali

roupão de banho

ingubo yokugeza

luvas de borracha

amagilavu erabha

absorvente interno

ithemponi

absorvente íntimo

iphedi yasesikhathini

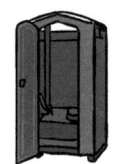

banheiro químico

ithoyilethi lekhemikhali

quarto de criança
igumbi lezingane

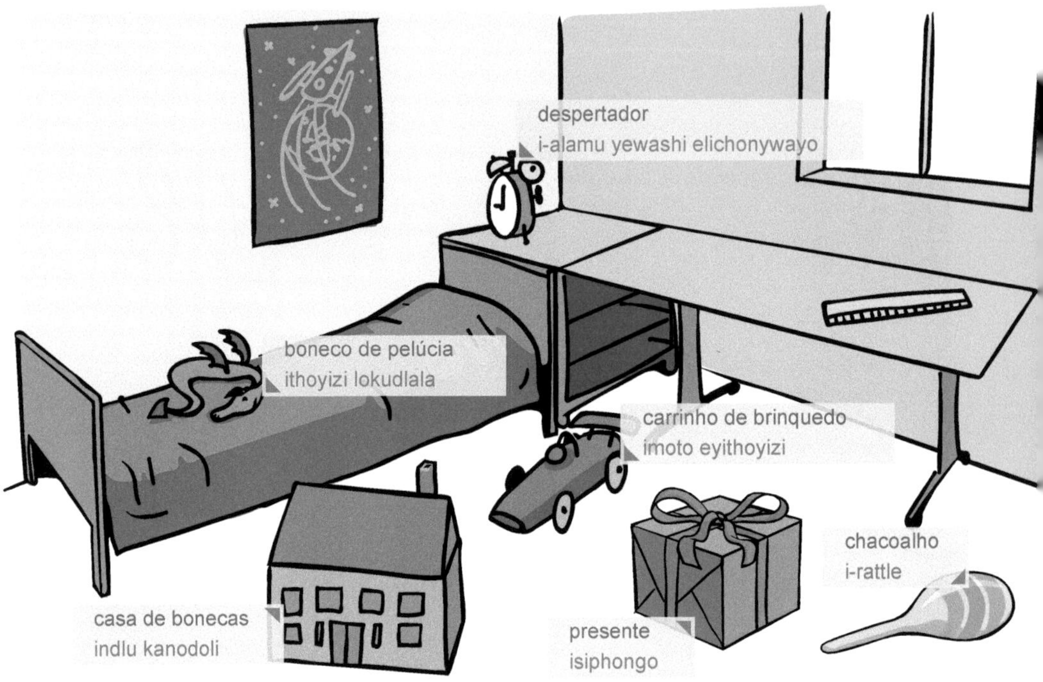

despertador
i-alamu yewashi elichonywayo
boneco de pelúcia
ithoyizi lokudlala
carrinho de brinquedo
imoto eyithoyizi
chacoalho
i-rattle
casa de bonecas
indlu kanodoli
presente
isiphongo

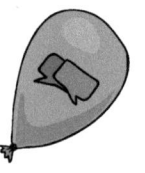

balão
....
ibhaluni

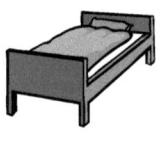

cama
....
umbhede

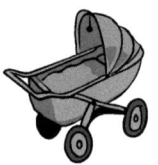

carrinho de bebê
....
iphremu

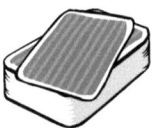

jogo de cartas
....
amakhadi

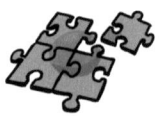

quebra-cabeças
....
i-jigsaw

SUPER MEGA

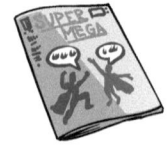

revista de quadrinhos
....
indaba edwetshiwe

peças de Lego
amabrick elego

blocos de construção
amabhuloksi okwakha

figura de ação
unodoli weqhawe

macaquinho de bebê
izimpahla zezingane

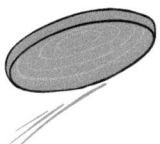

frisbee
i-frisbee

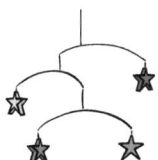

móbile para bebé
amathoyizi ezingane alengayo

jogo de tabuleiro
ibhodi lokudlala igemu

dados
idayisi

trenzinho elétrico
isethi yesitimela

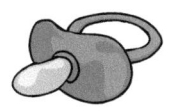

chupeta
idemu

festa
iphathi

livro ilustrado
incwadi yezithombe

bola
ibhola

boneca
unodoli

brincar
dlala

quarto de criança - igumbi lezingane

caixa de areia
umgodi wenhlabathi

balanço
uzwinki

brinquedos
amathoyizi

videogame
umshini wamavidiyo geymu

triciclo
ibhayisikili elinemasondo amathathu

ursinho de pelúcia
uthedibhe

guarda-roupa
u-wardrobe

vestuário
izimpahla

meias
amasokisi

meias pelo joelho
amastokhingi

meias-calças
amathayithi

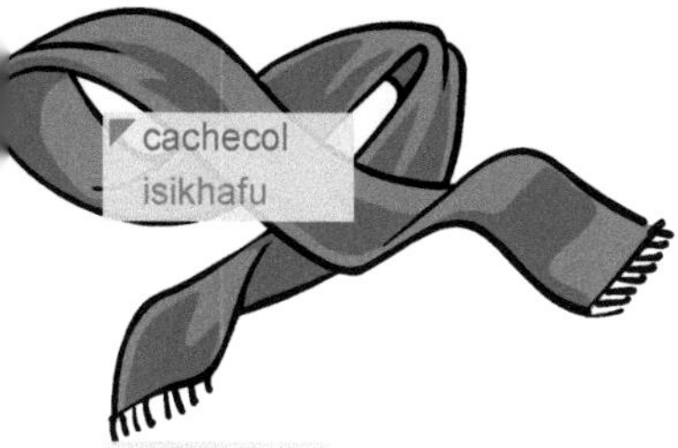

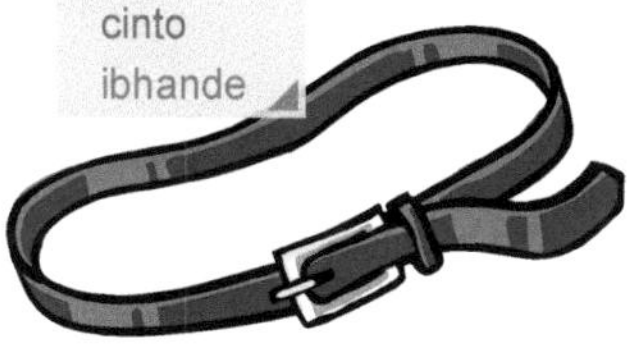

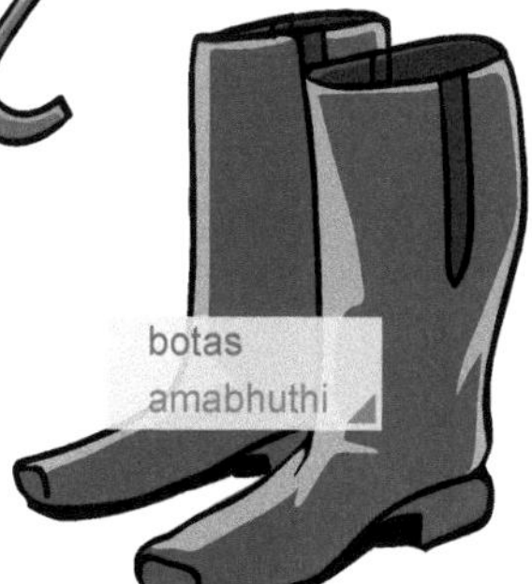

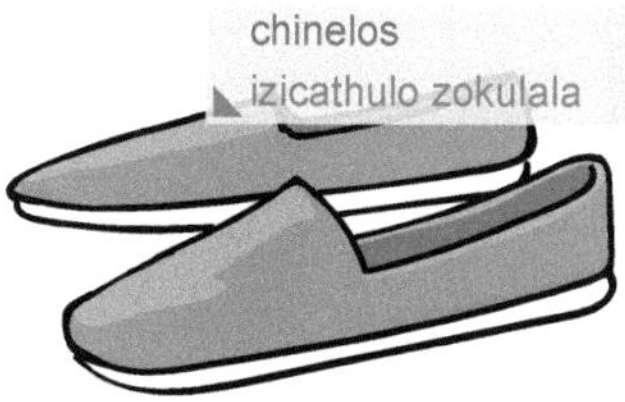

cachecol
isikhafu

guarda-chuva
i-amburela

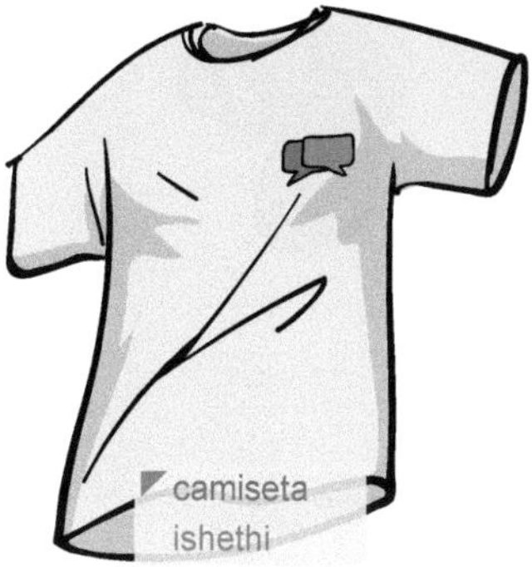

cinto
ibhande

camiseta
ishethi

botas
amabhuthi

chinelos
izicathulo zokulala

tênis
abaqeqeshi

sandálias
amasandali

sapatos
izicathulo

botas de borracha
amabhuthi erabha

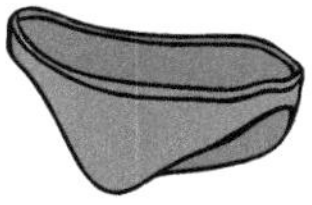

roupa de baixo
iphenti

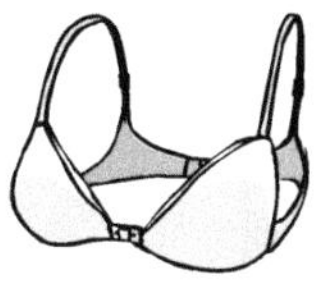

sutiã
u-bra

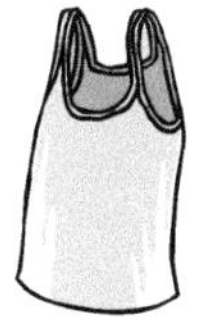

camiseta de baixo
ivesti

vestuário - izimpahla

body
umzimba

calças
amabhulukwe

jeans
amajini

saia
isiketi

blusa
isikibha

camisa
ishethi

pulôver
ijezi elinezigqoko

suéter com capuz
i-hoodie

blazer
ibhuleyiza

jaqueta
ijakhethi

casaco
ijazi

gabardine
i-raincoat

traje
ikhosyumu

vestido
ingubo

vestido de casamento
ingubo yomshado

vestuário - izimpahla

terno
isudu

camisola
ingubo yokulala

pijama
amaphijama

sari
ingubo yesari

lenço de cabeça
isikhafu

turbante
isigqoko se-turban

burca
ibhukha

cafetã
ingubo yekaftani

abaya
abaya

maiô
impahla yokubhukuda

sunga
amathranki

shorts
isikhindi

roupa de treino
i-tracksuit

avental
ingubo yokupheka

luvas
amagilavu

vestuário - izimpahla

botão

ibhathini

óculos

izibuko

pulseira

ibhengela

colar

umgexo

anel

indandatho

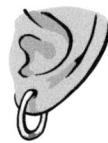

brinco

amacici

boné

ikepisi

cabide

into yokuhenga ijazi

chapéu

isigqoko

gravata

uthayi

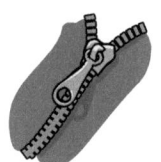

zíper

uziphu

capacete

ihelmethi

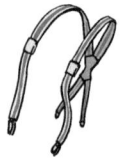

suspensórios

ama-braces

uniforme escolar

iyunifomu yesikole

uniforme

iyunifomu

vestuário - izimpahla

babador
ibhayi lengane

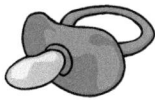
chupeta
idemu

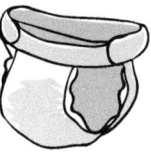
fralda
inabukeni

escritório
i-ofisi

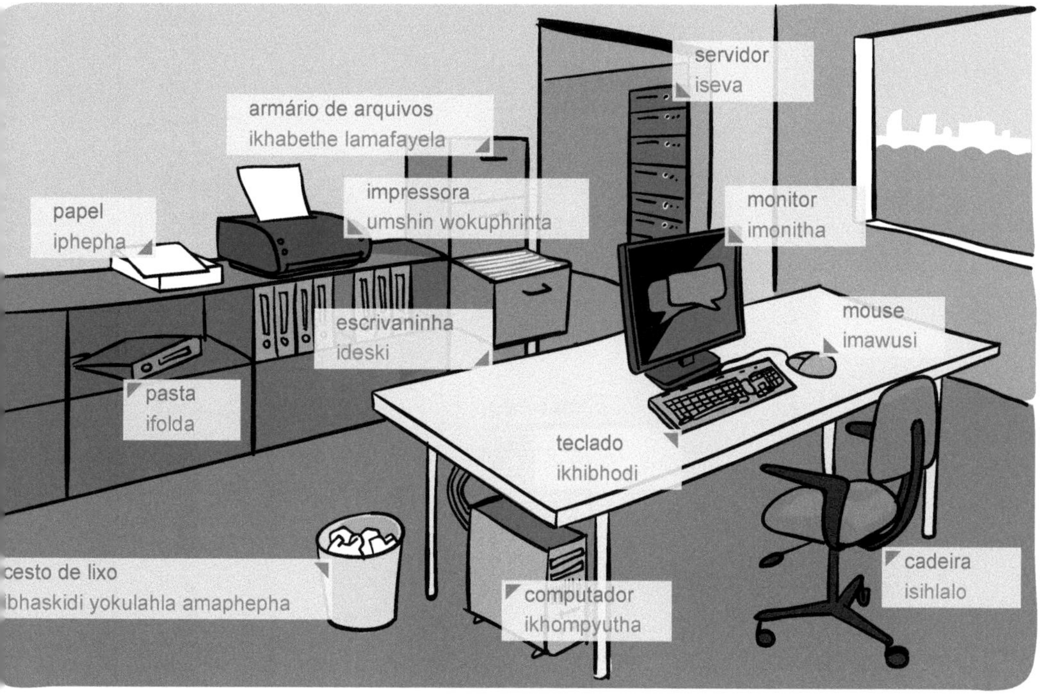

- servidor — iseva
- armário de arquivos — ikhabethe lamafayela
- impressora — umshin wokuphrinta
- monitor — imonitha
- papel — iphepha
- escrivaninha — ideski
- mouse — imawusi
- pasta — ifolda
- teclado — ikhibhodi
- cesto de lixo — ibhaskidi yokulahla amaphepha
- computador — ikhompyutha
- cadeira — isihlalo

xícara de café
imagi yekhofi

calculadora
ikhalkhuletha

internet
i-inthanethi

laptop

ilephuthophu

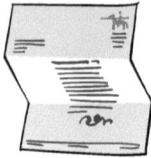

carta

incwadi

mensagem

umyalezo

celular

ifoni

rede

inethiwekhi

copiadora

ifothokhophi

software

i-software

telefone

ucingo

tomada

indawo yokupulaka

fax

umshini wokufeksa

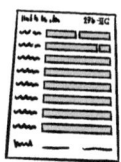

formulário

ifomu

documento

idokhumenti

escritório - i-ofisi

economia
umnotho

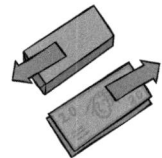
comprar
thenga

pagar
khokha

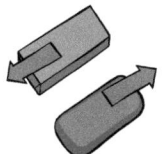
negociar
shintshana

dinheiro
imali

Dólar
idola

Euro
i-euro

Yen
iyen

rublo
i-rouble

franco suíço
iSwiss franc

renminbi yuan
i-renminbi yuan

rupia
i-rupee

caixa eletrônico
umshini wokukhipha imali

casa de câmbio
i-bureau de change

ouro
igolide

prata
isiliva

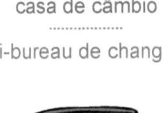

petróleo
amafutha

energia
amandla

preço
inani lemali

contrato
ukuxhumana

imposto
intela

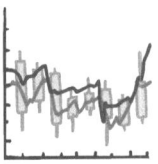

ação
isitokwe

trabalhar
sebenza

empregado
isisebenzi

empregador
umqashi

fábrica
ifekthri

loja
esitolo

economia - umnotho

profissões
imisebenzi

policial
iphoyisa

bombeiro
indoda ecisha umlilo

cozinheiro
pheka

médico
udokotela

piloto
umshayeli wezindiza

jardineiro
umuntu onakekela ingadi

marceneiro
umbazi

costureira
umthungi

juiz
ijaji

químico
umuntu osebenza ekhemisi

ator
umlingisi

motorista de ônibus
umshayeli webhasi

motorista de táxi
umshayeli wetekisi

pescador
indoda edoba izinhlanzi

faxineira
owesifazane ohlanzayo

telhador
umuntu olungisa uphahla

garçom
uweyita

caçador
umzingeli

pintor
umuntu opendayo

padeiro
umbhaki

eletricista
umuntu osebenza ngogesi

construtor
umakhi

engenheiro
unjiniyela

açougueiro
indawo edayisa inyama

encanador
umuntu osebenza
ngamapayipi

carteiro
indoda yaseposini

profissões - imisebenzi

soldado
isosha

arquiteto
umdwebi wezakhiwo

caixa
umbali wemali

florista
umuntu otshala izimbali

cabelereiro
umuntu owenza izinwele

condutor
umqondisi wasesitimeleni

mecânico
umakhenikha

capitão
ukaputeni

dentista
udokotela wamazinyo

cientista
usosayensi

rabino
urabi

imam
imam

monge
indela

pastor
umfundisi

profissões - imisebenzi

ferramentas
amathuluzi

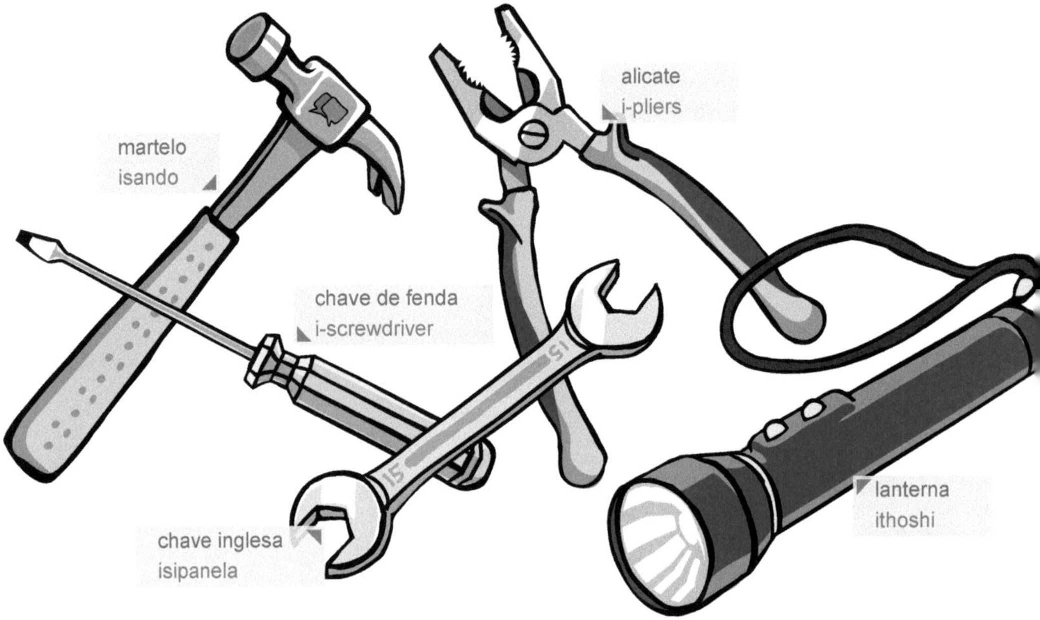

martelo
isando

alicate
i-pliers

chave de fenda
i-screwdriver

chave inglesa
isipanela

lanterna
ithoshi

escavadora
umshini wokumba

caixa de ferramentas
ibhokisi lamathuluzi

escada de mão
isitebhisi

serra
isaha

pregos
izinzipho

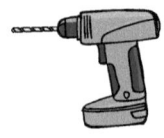

furadeira
i-drill

consertar
lungisa

pá
ifosholo

Droga!
Damethi!

pá de lixo
idastipheni

pote de tinta
ithini likapende

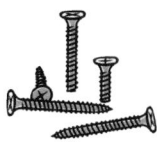

parafusos
i-screws

instrumentos musicais
izinsimbi zomculo

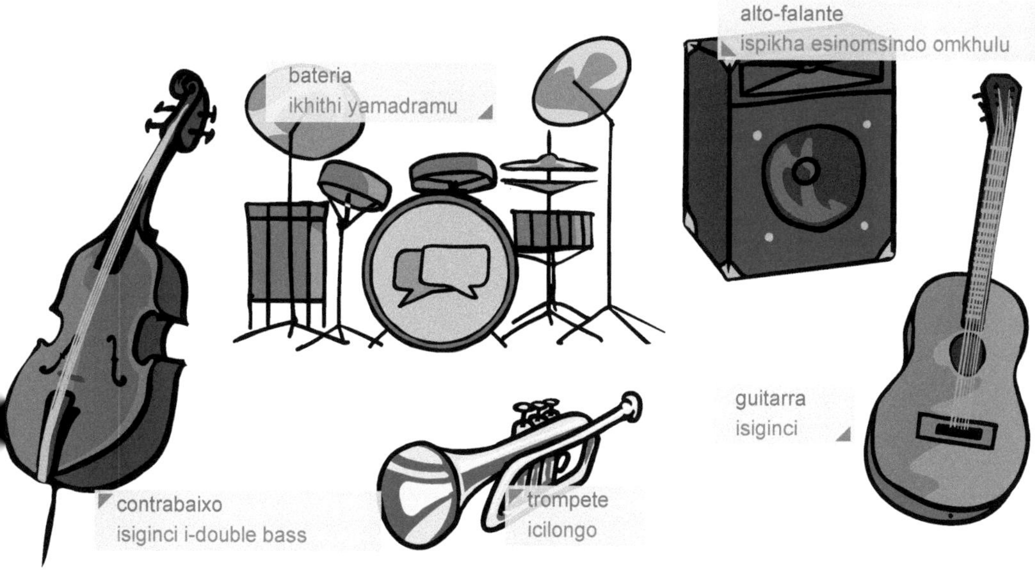

- bateria — ikhithi yamadramu
- alto-falante — ispikha esinomsindo omkhulu
- guitarra — isiginci
- contrabaixo — isiginci i-double bass
- trompete — icilongo

piano
ipiyano

violino
ivayolini

baixo
i-bass

timbales
ithimpani

tambor
amadramu

teclado
i-keyboard

saxofone
i-saxophone

flauta
umtshingo

microfone
imakhrofoni

instrumentos musicais - izinsimbi zomculo

zoológico
esiqiwini

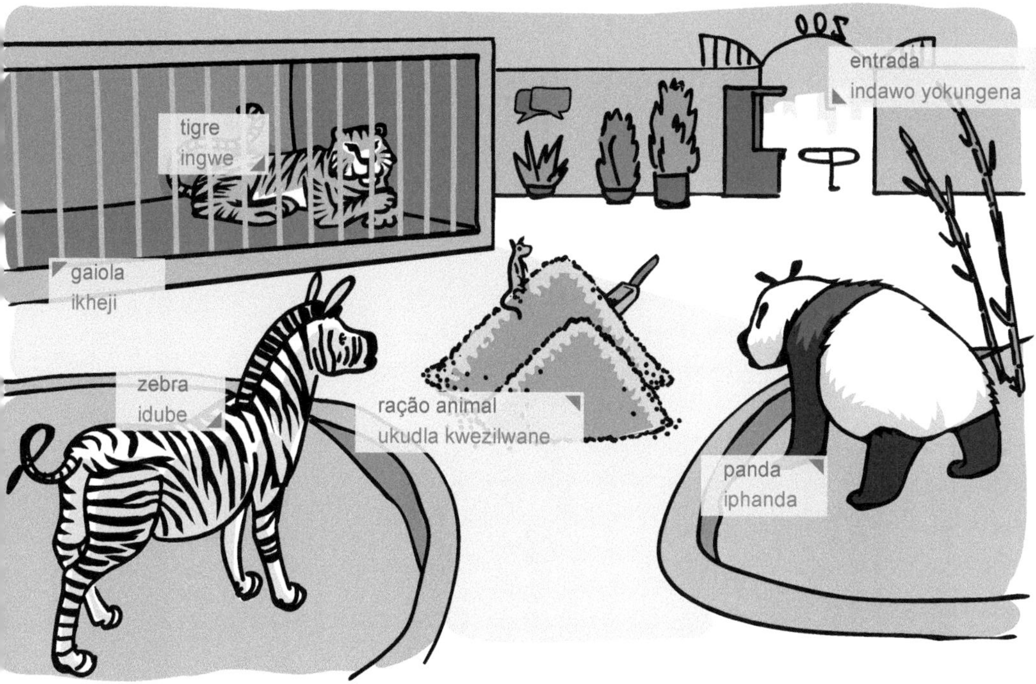

- tigre / ingwe
- entrada / indawo yokungena
- gaiola / ikheji
- zebra / idube
- ração animal / ukudla kwezilwane
- panda / iphanda

animais
izilwane

elefante
indlovu

canguru
ikhangaru

rinoceronte
ubhejane

gorila
igorila

urso
ibhele

camelo
ikamela

avestruz
intshe

leão
ingonyama

macaco
inkawu

flamingo
i-flamingo

papagaio
upholi

urso polar
ibhele laseqhweni

pinguim
iphenguwini

tubarão
ushaka

pavão
ipigogo

cobra
inyoka

crocodilo
ingwenya

guarda do zoológico
umgcini wezilwane

foca
isilwane saseqhweni

jaguar
ijaguwa

zoológico - esiqiwini

pônei
iponi

leopardo
ingwe

hipopótamo
imvubu

girafa
indlulamithi

águia
ukhozi

javali
intibane

peixe
inhlanzi

tartaruga
ufudu

morsa
i-walrus

raposa
ujakalase

gazela
inyamazane igazele

zoológico - esiqiwini

esportes
imidlalo

atividades
imisebenzi

- pular / gxuma
- rir / hleka
- abraçar / haga
- andar / hamba
- cantar / cula
- sonhar / phupha
- rezar / thandaza
- beijar / cabuza

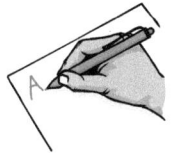
escrever
bhala

desenhar
dweba

mostrar
bonisa

empurrar
phusha

dar
nikeza

tomar
thatha

ter
yiba

fazer
yenza

ser
yiba

ficar de pé
sukuma

correr
gijima

puxar
donsa

jogar
phonsa

cair
yiwa

deitar
amanga

esperar
linda

carregar
thwala

sentar
hlala

vestir
gqoka

dormir
lala

despertar
vuka

atividades - imisebenzi

olhar para
bukela

chorar
khala

acariciar
qhweba

pentear
kama

falar
khuluma

entender
qonda

perguntar
buza

ouvir
lalela

beber
phuza

comer
idla

arrumar
coca

amar
thanda

cozinhar
pheka

dirigir
shayela

voar
ndiza

atividades - imisebenzi

velejar
hamba ngomkhumbi

calcular
bala

ler
funda

aprender
funda

trabalhar
sebenza

casar
shada

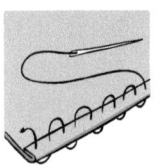
costurar
thunga

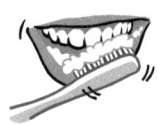
escovar os dentes
geza amazinyo

matar
bulala

fumar
bhema

enviar
thumela

atividades - imisebenzi

família
umndeni

- avó — ugogo
- avô — umkhulu
- pai — ubaba
- mãe — umama
- bebê — ingane
- filha — indodakazi
- filho — indodana

convidado
isivakashi

tia
u-anti

tio
umalume

irmão
umfowethu

irmã
udadewethu

corpo
umzimba

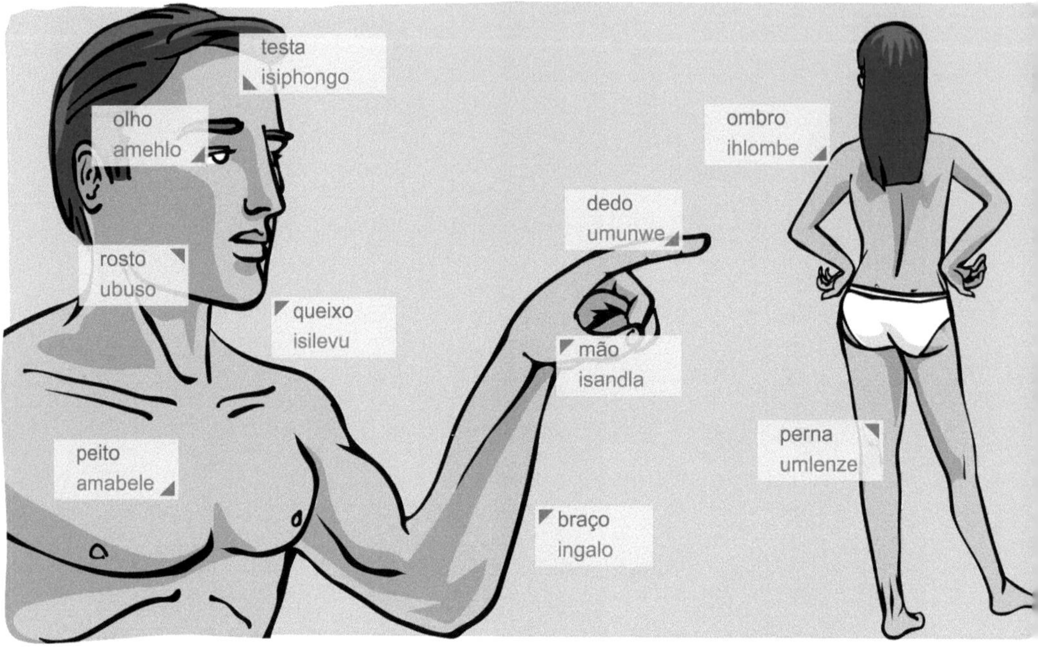

Body part labels:
- testa / isiphongo
- olho / amehlo
- rosto / ubuso
- queixo / isilevu
- peito / amabele
- dedo / umunwe
- mão / isandla
- braço / ingalo
- ombro / ihlombe
- perna / umlenze

bebê
ingane

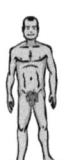

homem
indoda

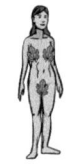

mulher
owesifazane

menina
intombazane

menino
umfana

cabeça
ikhanda

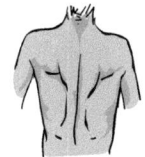
costas
umhlane

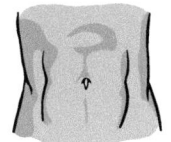
barriga
isisu

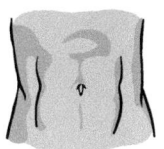
umbigo
inkaba

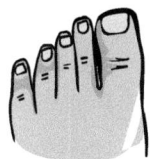
dedo do pé
izinzwane

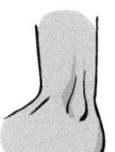
calcanhar
isithende

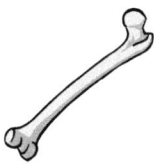
osso
ithambo

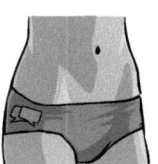
anca
inqulu

joelho
idolo

cotovelo
indololwane

nariz
ikhala

nádegas
ingenzansi

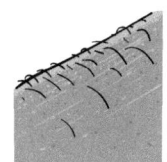
pele
isikhumba

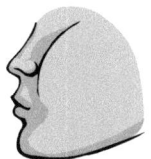
bochecha
iziqhomo

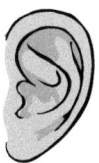
orelha
indlebe

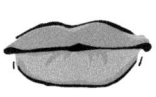
lábio
udebe

corpo - umzimba

boca
umlomo

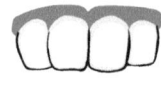
dente
amazinyo

língua
ulimu

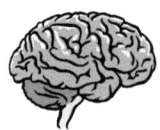
cérebro
ingqondo

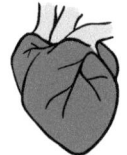
coração
inhliziyo

músculo
imasela

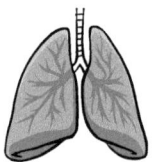
pulmão
uphaphe

fígado
isibindi

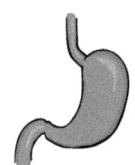
estômago
isisu

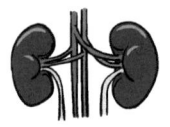
rins
izinso

relações sexuais
ucansi

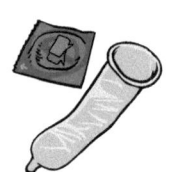
preservativo
ikhondomu

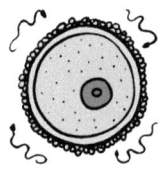
óvulo
iqanda

esperma
isidoda

gravidez
ukukhulelwa

corpo - umzimba

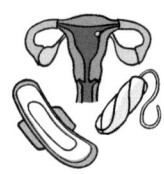
menstruação
ukuya esikhathini

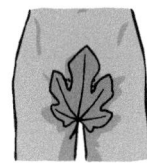
vagina
imomozi

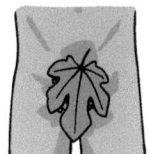
pênis
umthondo

sobrancelha
ishiya

cabelo
izinwele

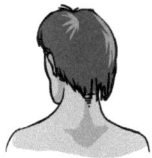
pescoço
intamo

corpo - umzimba

hospital
isibhedlela

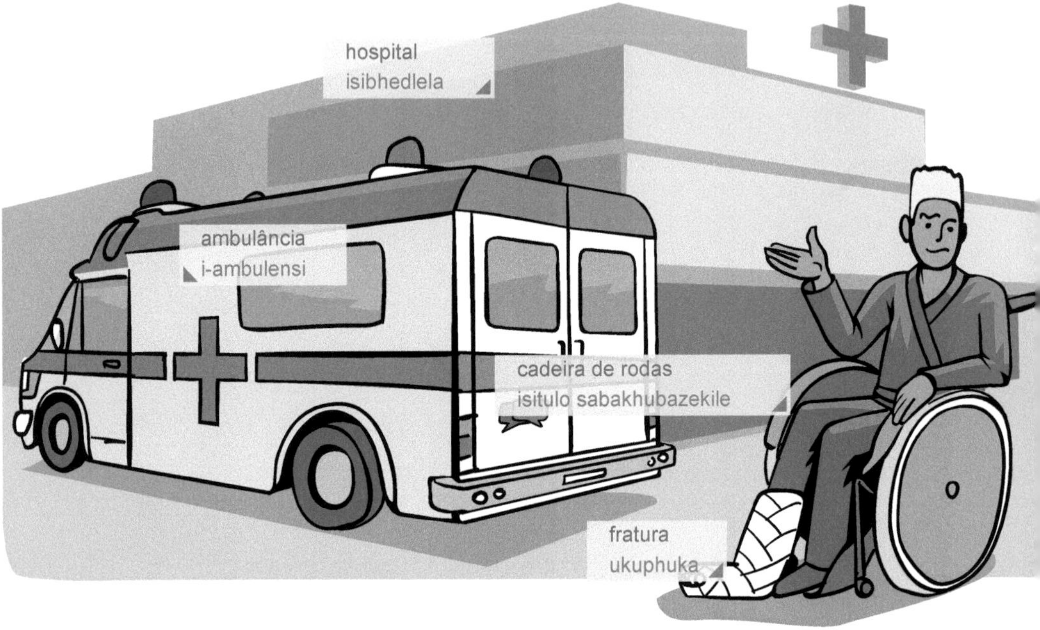

- hospital / isibhedlela
- ambulância / i-ambulensi
- cadeira de rodas / isitulo sabakhubazekile
- fratura / ukuphuka

médico
udokotela

pronto-socorro
igumbi leziguli ezidinga ukwelashwa okuphuthumayo

enfermeira
umhlengikazi

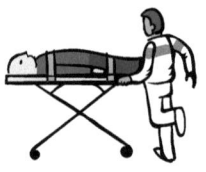
emergência
izimo eziphuthumayo

inconsciente
ukuquleka

dor
ubuhlungu

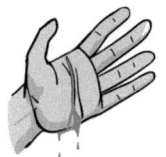

ferimento
ukulimala

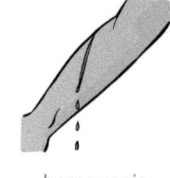

hemorragia
ukopha

ataque cardíaco
isifo senhliziyo

acidente vacular cerebral
ukushaywa unhlangothi

alergia
ukungazwani komzimba nezinto ezithile

tosse
ukukhwehlela

febre
imfiva

gripe
umkhuhlane

diarreia
ukuhuda

dor de cabeça
ukuphathwa ikhanda

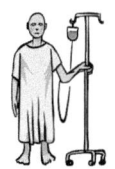

câncer
umdlavuza

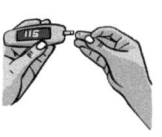

diabetes
isifo sikashukela

cirurgião
udokotela ohlinzayo

bisturi
isikalpheli

operação
ukuhlinzwa

hospital - isibhedlela

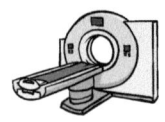

CT
CT

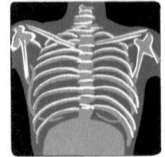

raio x
i-x-ray

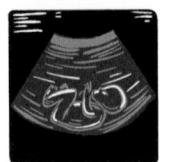

ultrassom
i-ultrasound

máscara
imaskhi yasebusweni

doença
isifo

sala de espera
igumbi lokulinda

muleta
izinduko zokuhamba

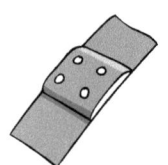

bandeide
iplasta

ligadura
ibhandishi

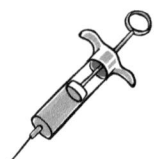

injeção
umjovo

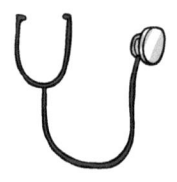

estetoscópio
izipopolo zikadokotela

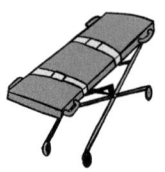

maca
i-stretcher

termômetro
umshini okala izinga lokushisa

nascimento
ukubeletha

excesso de peso
ukukhuluphala ngokweqile

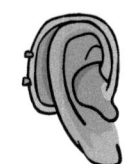
aparelho auditivo
insizwa yokuzwa

desinfetante
ukungatheleleki

infecção
ukutheleleka

vírus
ivariyasi

HIV / AIDS
HIV / AIDS

medicamento
umuthi

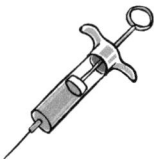
vacinação
umgomo

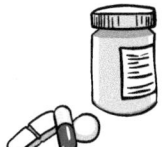
comprimidos
amaphilisi

pílula
amaphilisi

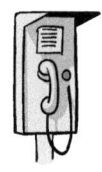
chamada de emergência
ucingo oluphuthumayo

dispositivo de medição de pressão arterial
umshini okala umfutho wegazi

doente / saudável
ukugula / ukuba umqemane

hospital - isibhedlela

emergência
izimo eziphuthumayo

Socorro!
Sizani!

alarme
i-alamu

assalto
ukuhlasela

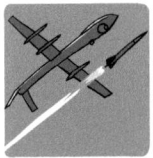
ataque
ukuhlasela

perigo
ingozi

saída de emergência
indawo yokubalekela ngaphansi kwezimo eziphuthumayo

Fogo!
Umlimo!

extintor de incêndios
isicimamlilo

acidente
ingozi

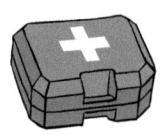
maleta de primeiros socorros
ikhithi yosizo lokuqala

SOS
SOS

polícia
amaphoyisa

Terra
Umhlaba

Europa
Europe

América do Norte
North America

América do Sul
South America

África
Africa

Ásia
Asia

Austrália
Australia

Atlântico
Atlantic

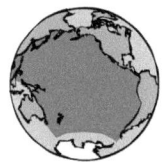

Pacífico
Pacific

Oceano Índico
Indian Ocean

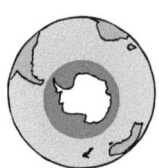

Oceano Antártico
Antarctic Ocean

Oceano Ártico
Arctic Ocean

Polo Norte
North Pole

Polo Sul	Antártica	Terra
South Pole	Antarctica	Umhlaba

terra	mar	ilha
umhlaba	izilwandle	isiqhingi

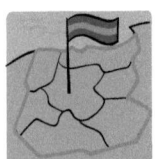 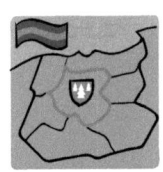

nação	estado
izwe	inhlangano engokomthetho

Terra - Umhlaba

relógio
iwashi

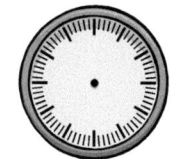  

mostrador do relógio / ubuso bewashi

ponteiro das horas / isandla sehora

ponteiro dos minutos / isandla semizuzu

  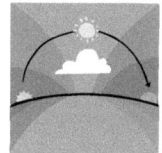

ponteiro dos segundos / isandla sesibili

Que horas são? / Ubani isikhathi?

dia / usuku

tempo / isikhathi

agora / manje

relógio digital / iwashi lezibalo

minuto / umzuzu

hora / ihora

semana
iviki

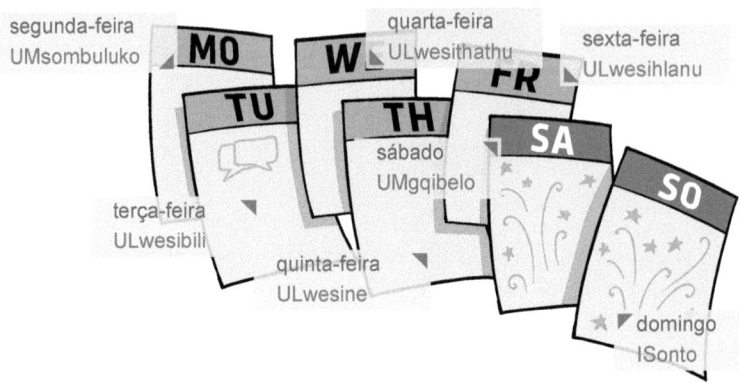

segunda-feira
UMsombuluko

terça-feira
ULwesibili

quarta-feira
ULwesithathu

quinta-feira
ULwesine

sexta-feira
ULwesihlanu

sábado
UMgqibelo

domingo
ISonto

ontem
izolo

hoje
namhlanje

amanhã
kusasa

manhã
ekuseni

meio-dia
emini

entardecer
ntambama

dias úteis
izinsuku zeviki

fim de semana
impelasonto

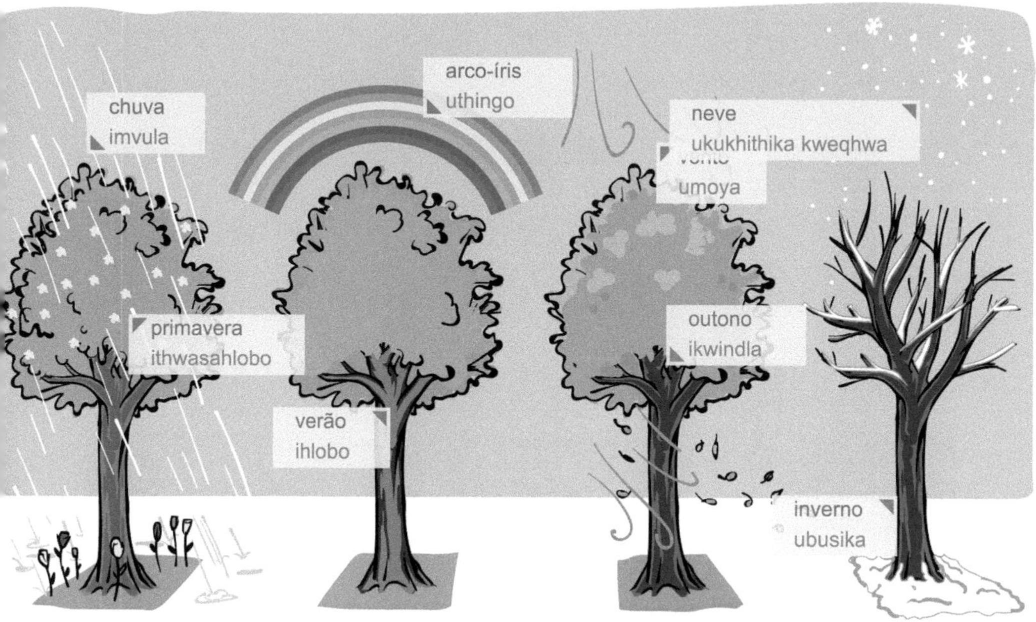

ano
unyaka

chuva
imvula

arco-íris
uthingo

neve
ukukhithika kweqhwa

vento
umoya

primavera
ithwasahlobo

verão
ihlobo

outono
ikwindla

inverno
ubusika

previsão do tempo
isimo sezulu

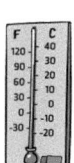

termômetro
umshini wezinga lokushisa

raio de sol
ukushisa kwelanga

nuvem
amafu

neblina / nevoeiro
inkungu

umidade do ar
umswakama

relâmpago	trovão	tempestade
ummbani	ukuduma kwezulu	isiphepho

 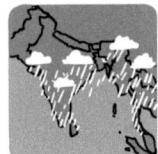 

granizo	monção	inundação
isichotho	imvula enkulu	izikhukhula

gelo	janeiro	fevereiro
iqhwa	UMasingana	UNhlolanja

março	abril	maio
UNdasa	UMbasa	UNhlaba

 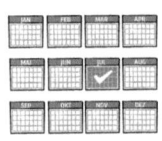 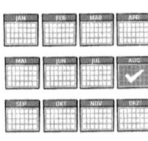

junho	julho	agosto
UNhlangulana	UNtulikazi	UNcwaba

ano - unyaka

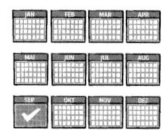
setembro
UMandulo

outubro
UMfumfu

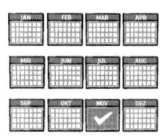
novembro
ULwezi

dezembro
UZibandlela

formas
amasheyphu

círculo
indilinga

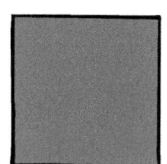
quadrado
isikwele

retângulo
unxande

triângulo
unxantathu

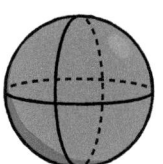
esfera
i-sphere

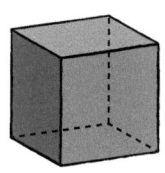
cubo
i-cube

cores
imibala

branco
kumhlophe

amarelo
kuphuzi

laranja
ku-olenji

rosa
kuphinki

vermelho
kumbomvu

lilás
kuphephuli

azul
kuluhlaza okwesibhakabhaka

verde
kuluhlaza

marrom
kubhrawuni

cinza
kuphashile

preto
kumnyama

opostos
izinto ezingafani

muito / pouco
kakhulu / kancane

furioso / tranquilo
ukucasuka / ubumnene

lindo / feio
ubuhle / ububi

começo / fim
isiqalo / isiphetho

grande / pequeno
kukhulu / kuncane

claro / escuro
kuyakhanya / kumnyama

irmão / irmã
umfowethu / udadewethu

limpo / sujo
ukuhlanzeka / ukungcola

completo / incompleto
ukuphelela / ukungapheleli

dia / noite
imini / ubusuku

morto / vivo
ukufa / ukuphila

largo / estreito
ukuvuleka / ukunyinyeka

comestível / não comestível

okudliwayo / okungadliwa

mau / gentil

ukukhohlakala / umusa

entusiasmado / entediado

ukujabula / isithukuthezi

gordo / magro

ukunona / ukuzaca

primeiro / último

ukuqala / ukugcina

amigo / inimigo

umngane / isitha

cheio / vazio

ukugcwala / ukuphela

duro / macio

ubunzima / ukuthamba

pesado / leve

ukusinda / ukubalula

fome / sede

ukulamba / ukoma

doente / saudável

ukugula / ukuba umqemane

ilegal / legal

ngokomthetho / okungekho emthethweni

inteligente / idiota

ukuhlakanipha / isiphukuphuku

esquerda / direita

isinxele / esokudla

perto / longe

eduze / kude

opostos - izinto ezingafani

novo / usado
kusha / sekusebenzile

nada / alguma coisa
utho / okuthile

velho / jovem
okudala / okusha

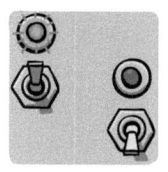

ligado / desligado
vuliwe / kucishiwe

aberto / fechado
vula / vala

baixo / alto
kuthulekile / kunomsindo

rico / pobre
ukuceba / ubumpofu

certo / errado
kulungile / akulungile

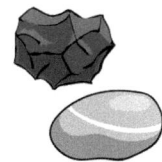

áspero / liso
kugadlazekile / kuyashelela

triste / feliz
dabuka / jabula

curto / longo
kufishane / kude

lento / rápido
kuyanensa / kuyashesha

molhado / seco
ukuba manzi / ukoma

ameno / fresco
ukufudumala / ukuphola

guerra / paz
ukulwa / ukuthula

opostos - izinto ezingafani

números
izinombolo

0
zero
uziro

1
um
kunye

2
dois
kubili

3
três
kuthathu

4
quatro
kune

5
cinco
kuhlanu

6
seis
isithupha

7
sete
isikhombisa

8
oito
isishiyagalombili

9
nove
isishiyagalolunye

10
dez
ishumi

11
onze
ishumi nanye

12 doze
ishumi nambili

13 treze
ishumi nantathu

14 quatorze
ishumi nane

15 quinze
ishumi nanhlanu

16 dezesseis
ishumi nesithupha

17 dezessete
ishumi nesikhombisa

18 dezoito
ishumi nesishiyagalombili

19 dezenove
ishumi nesishiyagalolunye

20 vinte
amashumi amabili

100 cem
ikhulu

1.000 mil
inkulungwane

1.000.000 milhão
izigidi

números - izinombolo

idiomas
izilimi

inglês
isiNgisi

inglês americano
isiNgisi saseMelika

chinês mandarim
isiMandarin saseShayina

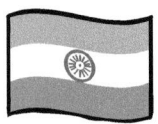
hindi
isiHindi

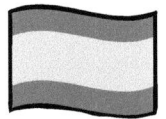
espanhol
iSpanishi

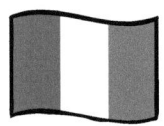
francês
isiFulentshi

árabe
isi-Arabhu

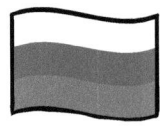
russo
isiRashiya

português
isiPutukezi

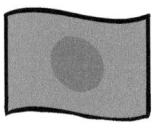
bengalês
isiBengali

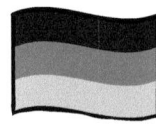
alemão
isiJalimane

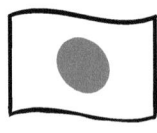
japonês
isiJapane

quem / o quê / como
ubani / ini / kanjani

eu
Mina

você
wena

ele / ela
u / u / ku

nós
thina

vocês
nina

eles / elas
bona

quem?
ubani?

O quê?
ini?

como?
kanjani?

onde?
kuphi?

Quando?
nini?

nome
igama

onde
kuphi

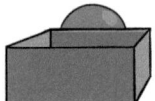

atrás
ngemuva

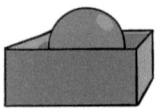

em
ngaphakathi

na frente de
phambi kwe

sobre
phezulu

em cima
ngaphezulu

debaixo
ngaphansi

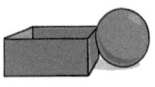

do lado
eceleni

entre
phakathi

lugar
indawo